LIEBE LESERIN,

bist du auch ständig auf der Suche nach der kleinen Tasche für eine besondere Gelegenheit? Klein soll sie sein, rund oder eckig, edel oder lässig, sportlich oder verspielt, rustikal oder sexy? Aus zwei Grundformen entstehen mit einfachem Styling vielfältige Möglichkeiten für ein tolles Outfit. Da ist für jede Gelegenheit was dabei. Und die nötigsten Accessoires passen immer hinein.
Die kleinen Schulter-Minis sind fast alle schnell genäht – auch kurz vorm nächsten Date! Lass dich von den vielfältigen Ideen inspirieren, gestalte auch individuelle Modelle und genieße die bewundernden Blicke, die deine Unikate auf sich ziehen.

Viel Spaß beim Nähen wünschen

Annette Diepolder

Sybille Rogaczewski-Nogai

GRUNDKURS

Reißverschluss einnähen

Modell A: Die gerader Kanten der Vorderteile 1 cm nach links bügeln und an den Reißverschluss nähen, dafür das Reißverschlussfüßchen einsetzen.

Modell B: Je eine lange Kante der Reißverschluss-Teile 1 cm nach links bügeln und an den Reißverschluss nähen.

Seitenteile rechts auf rechts an je eine schmale Seite des Reißverschluss-Teils nähen, umschlagen und knappkantig absteppen.

Schlaufen nähen

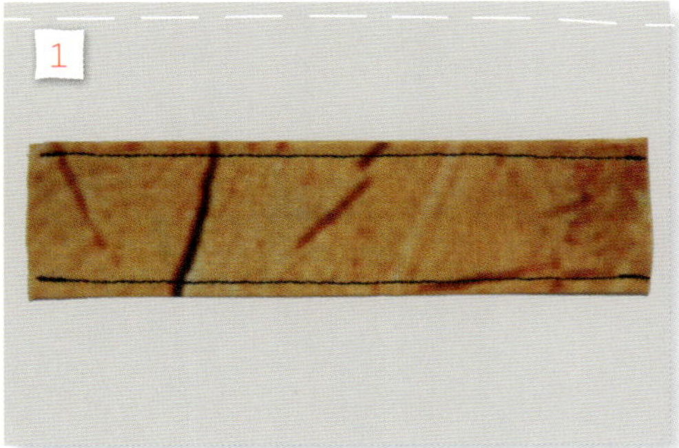

Modell A+B: Jeden Schlaufenstreifen längs rechts auf rechts falten, die offenen Längskanten zusammennähen, mit einer Sicherheitsnadel wenden, bügeln und die Längskanten schmal absteppen. Alternativ Gurtband verwenden.

Runde Taschen nähen

Schlaufen annähen

Modell A: Schlaufe (oder Gurtband) doppelt legen und beidseitig 13 cm von der Mitte des Seitenteils entfernt aufsteppen, offene Kanten zeigen zur Mitte. Schlaufe zur Mitte klappen und quer feststeppen.

Modell B: Schlaufen wie bei Modell A beschrieben 3 cm neben die Reißverschlussenden nähen.

Seitenteile annähen

Modell A+B: Obere und untere Mitte der Vorder- und Rückteile sowie Mitte der Seitenteile markieren. Mitte des Seitenteils rechts auf rechts auf die obere Mitte des Vorderteils legen und jeweils bis zur unteren Mitte 1 cm breit steppen.

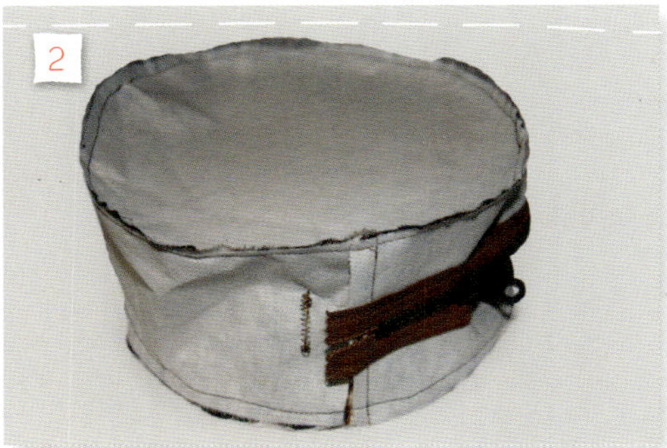

Reißverschluss öffnen, Rückteil auf die gleiche Art an das Seitenteil steppen. Die untere Mittelnaht zwischen Vorder- und Rückteil schließen. Anschließend die Tasche wenden.

GRUNDKURS

Taschenkörper mit Seitenteil

Das Seitenteil mit einer langen Seite bündig an die vordere Kante des Taschenkörpers anlegen und mit 0,5 cm Nahtzugabe feststeppen. Dabei 0,5 cm (= 1 Nahtzugabenbreite) von der Unterkante entfernt stoppen.

Die schmale Kante des Seitenteils (= Unterkante) an den Taschenkörper steppen, dafür die Außenkante des Taschenkörpers bündig an die Unterkante des Seitenteils legen und wie zuvor 0,5 cm vor der Kante stoppen. Die andere Kante des Seitenteils genauso nähen, jedoch bis zum Ende der Kante nähen.

Bodenecke

Für einen Taschenboden werden die Ecken abgenäht. Die Nahtzugaben auseinanderstreichen und die Seitennähte oder die seitlichen Bruchkanten jeweils auf die untere Mitte (diese kann eine Naht oder eine gefaltete Kante sein) legen.

Das Dreieck quer absteppen und bis auf Nahtzugabenbreite vor die Naht zurückschneiden. Nun hat die Tasche eine Bodenecke in Breite des abgenähten Dreiecks.

Eckige Taschen nähen

Reißverschluss

Außenseite und Futter rechts auf rechts legen. Den Reißverschluss an der Oberkante der Taschenkante dazwischenlegen. Die rechte Seite des Reißverschlusses liegt auf der Außenseite. Die Naht mit dem Reißverschlussfuß steppen.

Außenseite und Futter links auf links klappen.

Anschließend die beiden anderen Zuschnitte für Außenseite und Futter, wie in Schritt 1 beschrieben, genauso nähen.

Schlaufe

Für die Trägerlaschen die Streifen links auf links zur Hälfte legen, den D-Ring einlegen und von rechts 2 cm von der Oberkante entfernt am Seitenteil feststeppen.

SPORTLICH

Tasche aus Ritter-Sport-Verpackung Vorlagen 1–2 (Modell A)

Material

- Verpackung von 52 Ritter Sport Minis
- 18 cm Reißverschluss in Gelb
- 2 Schlüsselringe, ø 2,5 cm
- 130 cm Gurtband in Gelb, 2,5 cm breit
- Kraft-Alleskleber (Stift)
- 40 x 70 cm selbstklebende transparente Bucheinbindefolie

Zuschneiden

Maße inkl. 1 cm Nahtzugabe, beim Zuschnitt nach Vorlage ringsum 1 cm Nahtzugabe hinzugeben. Achtung: Die Teile laut Anleitung aus den zusammengeklebten Verpackungsteilen zuschneiden.

1-mal Vorlage 1
je 1-mal Vorlage 2a/2b
1 Seitenteil 10 x 65 cm
2 Schlaufen 7 x 10 cm

So geht's

Aus jedem Schokopapier die Vorderseite in der Größe von 5 x 6 cm ausschneiden und an den kurzen Kanten je 1 cm überlappend wie folgt zu Streifen aneinanderkleben:
5 Streifen aus je 3 Papieren
5 Streifen aus je 2 Papieren
5 Streifen aus je 5 Papieren
16 Streifen aus je 2 Papieren
Diese Streifen je 1 cm überlappend wie folgt zu Rechtecken aneinanderkleben:
5 x 3 Papiere, 5 x 2 Papiere,
5 x 5 Papiere, 16 x 2 Papiere
Die Vorderseiten der Rechtecke mit Bucheinbindefolie bekleben und daraus alle Taschenteile nach Modell A zuschneiden. Die Schlaufen aus Reststücken zuschneiden. Die Tasche nach Anleitung für Modell A nähen (siehe Grundkurs auf Seite 2–3), jedoch ohne einen Umschlag am Reißverschluss. Die Schlüsselringe einziehen, das Gurtband durchziehen und feststeppen.

MAIGRÜN

Wollfilz-Schultertasche

Material

- A: 39 x 24 Wollfilz in Maigrün, 4 mm dick
- B: 35 x 25 Baumwollstoff in Grün mit blauen Punkten
- C: 15 x 90 cm stabile, aufbügelbare Fixiereinlage in Weiß
- 2 Ösen, ø 14 cm
- 2 Gurthaken Karabiner, 6 cm lang, mit Öse für Banddurchlass, ø 4 cm (Segelzubehör)
- 1 Mappenschloss in Silber, 3 cm hoch

Zuschneiden

Maße inkl. 1 cm Nahtzugabe.

A: 1 Taschenkörper 34 x 24 cm
   2 Seitenteile 11 x 5 cm
   1 Schultergurt 140 x 14 cm
B: 1 Taschenkörper 35 x 25 cm (Futter)
C: 138 x 7 cm (Schultergurt), aus 2 Teilen
   etwas überlappend zusammenlegen

So geht's

Das Futter rings um alle Kanten 1 cm nach links umschlagen, bügeln und mittig auf die linke Seite des Wollfilzteils steppen (das Futter ist dann ringsum etwas kleiner als der Wollfilz). Jeweils 1 Öse laut Herstellerangaben an der oberen Kante jedes Seitenteils anbringen. Den Taschenkörper rings um beide Seitenteile nähen, wie im Grundkurs auf Seite 4 beschrieben.

Die Fixiereinlage mittig auf der linken Stoffseite des Schultergurtstreifens aufbügeln. Beide Schmalseiten des Streifens jeweils 1 cm nach links bügeln. Die Streifenmitte der Länge nach auf der linken Stoffseite markieren, beide Längsseiten jeweils bis zur Mittelmarkierung umschlagen und bügeln. Den Streifen entlang der Mittellinie links auf links zur Hälfte falten, bügeln und die Längskanten zusammensteppen. Die fertige Breite des Streifens beträgt 3,5 cm. Anschließend den Schultergurt an den Gurthaken befestigen, dazu den Stoffstreifen im Banddurchlass des Gurthakens einfädeln, 3 cm umschlagen und feststeppen. Das Mappenschloss mittig an der Unterkante der Klappe laut Herstellerangaben anbringen.

EXTRAVAGANT

Clutch

Material

- A: 36 x 51 Kunstleder Vogue 1
- Lackverschluss in Schwarz, 16 cm lang

Zuschneiden

Maße inkl. 1 cm Nahtzugabe.

A: 2 Taschenkörper 34 x 24 cm
4 Seitenteile 9 x 3 cm

So geht's

Die beiden Taschenkörper links auf links legen und ringsum knappkantig zusammennähen. Für die Seitenteile jeweils zwei Teile links auf links legen und nur an der oberen Kante knappkantig zusammennähen, anschließend je 1 Seitenteil an den 3 noch offenen Kanten seitlich an das Taschenteil nähen, dafür den Taschenkörper um das Seitenteil herum legen (siehe Grundkurs auf Seite 4). Den Verschluss mittig auf der Vorderseite an Klappe und Unterkante platzieren und festnähen.

HERBST-
FAVORITEN
FASHION NEWS

GLAMOUR

Runde Tasche mit schwarzen Pailletten Vorlage 1 (Modell B)

Material

- A: 30 x 100 cm Paillettenstoff in Schwarz
- B: 10 x 100 cm Satin in Schwarz
- 50 x 90 cm stabile, aufbügelbare Fixiereinlage in Schwarz
- 18 cm Reißverschluss in Schwarz
- 70 cm Taschenkette

Zuschneiden

Maße inkl. 1 cm Nahtzugabe, beim Zuschnitt nach Vorlage ringsum 1 cm Nahtzugabe hinzugeben.

A: 2-mal Vorlage 1
B: 2 Reißverschluss-Streifen 5 x 20 cm
2 Seitenteile 10 x 25 cm
2 Schlaufen 7 x 10 cm

So geht's

Alle Zuschnitte auf den linken Seiten mit der Fixiereinlage bebügeln und nach Anleitung für Modell B nähen (siehe Grundkurs auf Seite 2–3). Die Schlüsselringe einziehen und die Taschenkette an den seitlichen Schlaufen anbringen.

RETRO-LOOK

Schultertasche mit Kette Vorlage 4

Material

- A: 35 x 26 Retrostoff I in Natur-Schwarz-Türkis gemustert
- B: 23 x 26 Retrostoff II in Natur-Schwarz-Türkis gemustert
- C: 35 x 52 Baumwollstoff in Weiß
- D: 35 x 52 stabile, aufbügelbare Fixiereinlage in Weiß
- 1 Magnetverschluss zum Annähen in Silber
- 2 Satinkordeln in Weiß, je 5 cm lang
- 1 Ketten-Taschengriff in Silber

Zuschneiden

Maße inkl. 1 cm Nahtzugabe.

A: 1 Taschenrückseite inkl. Klappe (außen) 35 x 26 cm

B: 1 Taschenvorderseite (außen) 23 x 26 cm

C: 1 Taschenrückseite inkl. Klappe (innen) 35 x 26 cm
1 Taschenvorderseite (innen) 23 x 26 cm

D: 35 x 26 cm (Taschenrückseite inkl. Klappe innen)
23 x 26 cm (Taschenvorderseite innen)

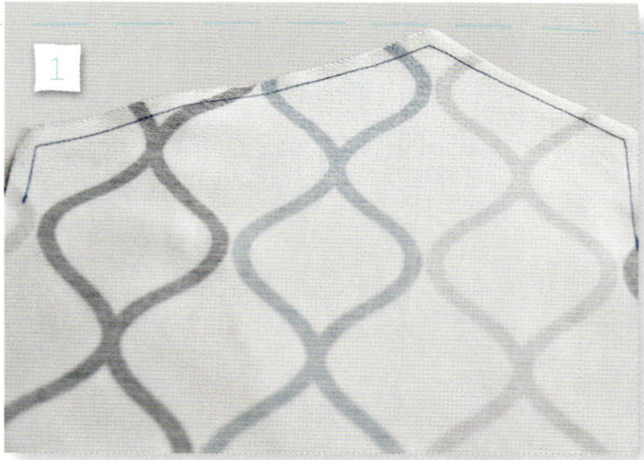

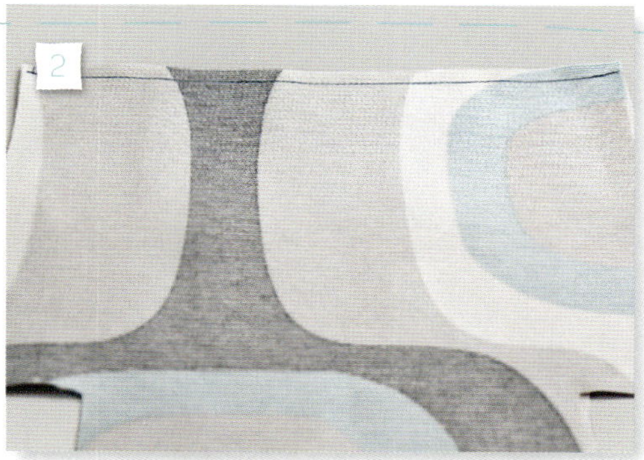

So geht's

Auf den Zuschnitten der Taschenrückseite inkl. Klappe laut Vorlage 4 die gestrichelte Linie am Rand der Stoffteile markieren. Die Zuschnitte der Taschenvorderseiten reichen jeweils nur bis zur gestrichelten Linie (siehe Vorlage 4). Die Fixiereinlage auf die linken Stoffseiten der Zuschnitte für das Futter bügeln.

Die äußeren Taschenteile rechts auf rechts auf die zugehörigen Futterteile legen. An der Taschenrückseite die Taschenklappe von Markierung bis Markierung (1), an der Taschenvorderseite die Oberkante zusammennähen (2). Die Futter- und Außenteile der Taschenrück- und -vorderseite auseinanderziehen und rechts auf rechts aufeinanderlegen, sodass jeweils Futter auf Futter und Außenseite auf Außenseite aufeinanderliegen (3). Die Seiten- und Bodenkanten zusammennähen (4), in der Bodennaht des Futters jedoch eine Wendeöffnung frei lassen.

Die Bodenecken in der Außen- und Innentasche schließen, dazu die Boden- und Seitennaht übereinander ausrichten und die offenen Kanten schließen. Alle Nahtzugaben zurückschneiden, die Tasche auf rechts wenden und die Wendenaht schließen. Die Innen- in die Außentasche stülpen.
Eine Hälfte des Magnetverschlusses an der Innenseite der Klappe, die andere entsprechend an der Vorderseite der Tasche von Hand annähen. Die Kordelstücke zur Schlaufe legen und jeweils seitlich innen festnähen. Die Kette in die Schlaufen einhängen.

VERWANDLUNGS-KÜNSTLER

Schultertasche mit Riemenverschluss

Material

- A: 57 x 96 laminierter Stoff mit geometrischem Muster in Hell-grün-Natur
- B: 35 x 25 stabile, aufbügelbare Fixiereinlage in Weiß
- 1 Ovalring, ø 50 mm
- 1 Druckknopf in Weiß
- 30 cm Reißverschluss in Weiß

Zuschneiden

Maße inkl. 1 cm Nahtzugabe.

A: 2 Taschenkörper (außen) 34 x 24 cm
2 Taschenkörper (innen) 34 x 24 cm
1 unterer Verschlussstreifen 23 x 18 cm
1 oberer Verschlussstreifen 13 x 18 cm
1 Schultergurt 115 x 12 cm (fertige Breite 3 cm)

B: 2-mal 34 x 24 cm (Taschenkörper innen)

So geht's

Die Fixiereinlage auf die linken Stoffseiten der Innentaschenkörper bügeln. Den Reißverschluss, wie im Grundkurs auf Seite 5 beschrieben, einnähen.
Die beiden Verschlussstreifen verarbeiten, wie für den Schultergurt der Wollfilz-Schultertasche auf Seite 8 beschrieben, jedoch ohne Fixiereinlage. Das untere Verschlussteil mittig rechts auf rechts an der Unterkante des vorderen, äußeren Taschenkörpers platzieren und knappkantig aufsteppen (damit es nicht verrutscht). Den oberen Verschlussstreifen durch den Ovalring fädeln und zur Hälfte falten. Mittig auf dem rückwärtigen, äußeren Taschenkörper ca. 5,5 cm unterhalb des Reißverschlusses feststeppen (der Ring soll an der rückwärtigen Reißverschlusskante anliegen). Der Ovalring zeigt dabei in Richtung Reißverschluss. Den oberen Verschlussstreifen an den beiden kurzen Enden knappkantig feststeppen.
Den Schultergurt, wie für die Wollfilz-Schultertasche beschrieben, arbeiten, hier jedoch beide Längsseiten absteppen. Die Trägerenden auf der äußeren Taschenrückseite 20 cm von der Unterkante des rückwärtigen, äußeren Taschenkörpers entfernt und jeweils 3 cm von den Seitenkanten entfernt feststecken (die Enden zeigen dabei nach oben, der Träger zeigt in Richtung Taschenboden). Anschließend den Träger nach oben klappen und auf einer Länge von 3 cm jeweils entlang der Längskanten auf der bestehenden Absteppnnaht des Trägers feststeppen.
Den Reißverschluss ein Stück öffnen, die Taschenkörper für außen und innen jeweils rechts auf rechts aufeinanderlegen, bis auf die Oberkante ringsum zusammensteppen, in der Innentasche jedoch eine ca. 13 cm große Wendeöffnung in der Bodennaht frei lassen.
Für die Außen- und Innentasche Bodenecken, wie im Grundkurs auf Seite 4 beschrieben, arbeiten, dafür mit 2 cm Abstand zur Spitze die Ecke quer zur Seiten-/Bodennaht absteppen.
Die Tasche auf rechts wenden, die Wendeöffnung schließen. Die Tasche 11 cm nach vorne umknicken, den unteren Verschlussstreifen durch den Ovalring ziehen. Eine Hälfte des Druckknopfs an der unteren Verschlusslasche, die andere an der oberen Verschlusslasche anbringen.

TRACHTEN-STYLE

Tasche in Vichy-Karo Vorlage 1 (Modell B)

Material

- A: 50 x 140 cm Wachstuch in rotem Vichy-Karo
- 120 cm Rüschenborte, 20 mm breit, in rotem Vichy-Karo
- 300 cm gewachste Baumwollkordel in Rot, ø 1 mm
- 1 Trachtenanhänger
- 2 Schlüsselringe, ø 2,5 cm
- 110 cm Taschenkette
- 18–20 cm Reißverschluss in Rot
- 1 Zipper

Zuschneiden

Maße inkl. 1 cm Nahtzugabe, beim Zuschnitt nach Vorlage ringsum 1 cm Nahtzugabe hinzugeben.

A: 2-mal Vorlage 1
2 Reißverschluss-Streifen
5 x 20 cm
2 Seitenteile 10 x 25 cm
2 Schlaufen 7 x 10 cm

So geht's

Das Rüschenband rechts auf rechts (die Rüsche liegt also auf dem Stoff und zeigt zur Mitte) rings um Vorder- und Rückteil nähen. 12 je 25 cm lange Baumwollkordelstücke parallel legen und den Anhänger auffädeln. Die Kordelenden je 7 cm rechts und links von der oberen Mitte des Vorderteils um den Rand legen und festnähen. Die Tasche nach Anleitung für Modell B fertignähen (siehe Grundkurs auf Seite 2–3). Die Schlüsselringe durch die Schlaufen ziehen, die Kette befestigen und den Zipper anbringen.

RE-DESIGN

Runde Tasche aus Jeans Vorlagen 1–2 (Modell A)

Material

- 1 alte Jeans
- 50 x 90 cm stabile, aufbügelbare Fixiereinlage
- 3 gestickte Aufnäher
- 18 cm Reißverschluss in Weiß
- 1 Zipper
- 2 Schlüsselringe, ø 2,5 cm
- Textilkleber

Zuschneiden

Maße inkl. 1 cm Nahtzugabe, beim Zuschnitt nach Vorlage ringsum 1 cm Nahtzugabe hinzugeben. Achtung: Die Teile laut Anleitung aus der Jeans zuschneiden.

A: 1-mal Vorlage 1
je 1-mal Vorlage 2a/2b
1 Seitenteil 10 x 65 cm
2 Schlaufen 7 x 10 cm

So geht's

Das untere Vorderteil laut Vorlage 2b unterhalb des Hosenbundes zuschneiden, sodass eine Seitentasche am oberen Rand liegt. Die Aufnäher auf beide Vorderteile verteilen, festkleben und feststeppen. Als Träger eine äußere Seitennaht der Hose ausschneiden, davon 2 Stücke zu je 7 cm für die Schlaufen abschneiden.

Alle Zuschnitte bis auf die Träger und Schlaufen auf den linken Seiten mit der Fixiereinlage bebügeln und die Tasche nach Anleitung für Modell A nähen (siehe Grundkurs auf Seite 2–3). Den Zipper anbringen, die Träger durch die Schlüsselringe ziehen und feststeppen.

BOWLING BAG

Tasche mit Nappaleder-Applikation Vorlagen 1–2 (Modell A) und 3

Material

- A: 30 x 140 cm Wachstuch in Grün mit weißen Punkten
- B: 20 x 135 cm Nappaleder-Imitat in Weiß
- 2 Gürtel aus Kunstleder in Weiß, je 100 cm
- 18 cm Reißverschluss in Weiß
- 1 Zipper mit Ring
- 2 Schlüsselringe, ø 2,5 cm
- Kraft-Alleskleber

Zuschneiden

Maße inkl. 1 cm Nahtzugabe, beim Zuschnitt nach Vorlage ringsum 1 cm Nahtzugabe hinzugeben.

A: 1-mal Vorlage 1
   je 1-mal Vorlage 2a/2b
B: 1 Seitenteil 10 x 65 cm
   2 Schlaufen 7 x 10 cm
   1-mal Vorlage 3 ohne
   Nahtzugabe

So geht's

Die Zahl „13“ laut Vorlage 3 seitenverkehrt auf die linke Seite des Lederimitats zeichnen und ohne Nahtzugabe ausschneiden, leicht schräg auf das Vorderteil laut Foto kleben und ringsum knappkantig mit dem Geradstich aufsteppen.
Die Tasche nach Anleitung für Modell A fertignähen (siehe Grundkurs auf Seite 2–3). Aus dem Wachstuch 1 cm breite Streifen schneiden, der Länge nach mittig auf die Gürtel kleben und entlang beider Längskanten aufsteppen. Den Zipper anbringen, die Schlüsselringe einziehen. Die beiden Gürtel zu einem langen Gürtel zusammenschnallen und die andere Gürtelschnalle abschneiden. Die Gürtelenden um die Schlüsselringe klappen und feststeppen.

TAUSENDUNDEINE NACHT

Tasche mit Häkelspiegeln und Strasssteinen

Vorlage 1 (Modell B)

Material

- A: 50 x 145 cm Stretchlack in Rot
- 50 x 90 cm stabile, aufbügelbare Fixiereinlage in Schwarz
- je 1 Ziehblüte (= Band mit eingearbeitetem Faden zum Zusammenziehen) in Orange und Pink, ø 5 cm
- 6 Häkelspiegel in Orange, ø 2 cm
- Strass-Steine zum Annähen: 8 Stück à ø 18 mm in Pink, 12 Stück à ø 12 mm in Flieder
- 2 Schlüsselringe, ø 2,5 cm
- 240 cm Velourband in Pink, 0,3 cm breit
- 120 cm Satinkordel in Orange, ø 0,2 cm
- 130 cm Samtband in Orange, 0,6 cm breit
- 120 cm Pomponborte in Pink
- 18–20 cm Reißverschluss in Rot
- 1 Zipper mit Strasssteinen

Zuschneiden

Maße inkl. 1 cm Nahtzugabe, beim Zuschnitt nach Vorlage ringsum 1 cm Nahtzugabe hinzugeben.

A: 2-mal Vorlage 1
2 Reißverschluss-Streifen 5 x 20 cm
2 Seitenteile 10 x 25 cm
2 Schlaufen 7 x 10 cm

So geht's

Alle Zuschnitte auf den linken Seiten mit der Fixiereinlage bebügeln. Die Pomponborte rechts auf rechts (die Pompons liegen also auf dem Stoff und zeigen zur Mitte) rings um Vorder- und Rückteil steppen. Die Tasche nach Anleitung für Modell B fertignähen (siehe Grundkurs auf Seite 2–3).
Die Schlüsselringe in die Schlaufen schieben. 2 Stücke Velourbänder à 120 cm, die Satinkordel und das Samtband nebeneinanderlegen. Die Enden des Samtbandes um die Enden der anderen Bänder klappen und feststeppen.
Diese Enden um die Schlüsselringe klappen und nochmals feststeppen.
Die Ziehblüten zusammenziehen, die Fadenenden verknoten und unterhalb der Taschenschlaufen annähen. Je einen großen Strassstein in die Mitten der Blüten nähen. Die Häkelspiegel und Strass-Steine mit je einem Tropfen Kleber auf dem Vorderteil anordnen und jedes Teil nach dem Trocknen von Hand festnähen.

RAFFINESSE IM DETAIL

Schultertasche

Material

- A: 18 x 100 beschichteter Baumwollstoff in Grün mit weißen Punkten
- B: 18 x 30 beschichteter Baumwollstoff mit Blüten
- C: 18 x 50 stabile, aufbügelbare Fixiereinlage in Weiß
- D: 18 x 22 stabile Tascheneinlage
- doppelseitiges Klebeband
- 134 cm Gurtband in Grün, 5 cm breit
- 1 Mappenschloss in Silber, 3 cm hoch
- 1 Orchideenvase aus Kunststoff, 11 cm lang, Ø 1,5 cm

Zuschneiden

Maße inkl. 1 cm Nahtzugabe.

A: 4 Taschenkörper (außen/innen)
18 x 25 cm

B: 2 Taschenklappen (außen/innen)
18 x 22 cm
1 Vasenlasche 5 x 8 cm

C: 2-mal 18 x 25 cm
(Taschenkörper außen)

D: 18 x 22 cm (Taschenklappe)

Tipp

Zur besseren Verarbeitung von Kunstleder und beschichteten Stoffen eignet sich ein Teflon-Nähfuß oder ein Nähfuß mit Obertransport. Alternativ einen Streifen Backpapier entlang der Naht auflegen und wie gewohnt steppen. Das Papier anschließend vorsichtig entfernen.

So geht's

Die Fixiereinlage auf die linken Stoffseiten von 2 der 4 Taschenkörper bügeln. Ringsum an den Rändern der beiden anderen unverstärkten Taschenkörper das doppelseitige Klebeband aufbringen. Darauf je ein verstärktes Stoffteil links auf links aufkleben (das Klebeband verhindert das Verrutschen der Teile).
Die Schnittkanten des Gurtbands mit dem Feuerzeug verschweißen. Das Gurtband zu einem Ring zusammennähen, dazu Anfang und Ende jeweils 2 cm überlappend übereinanderlegen und mit engem Zickzackstich zusammensteppen.
Für die Vasenlasche an der Seite die obere und untere Kante des Stoffstücks jeweils 1 cm umschlagen und mit Zickzackstick festnähen (= 6 x 3 cm). Die Vasenlasche auf das Gurtband nähen.
Die beiden Taschenkörperteile jeweils schmalkantig links auf links an die Außenkanten des Gurtbands nähen. Das Gurtband übernimmt hier quasi die Funktion eines Seitenteils (siehe Grundkurs auf Seite 4). Die Nahtstelle des Gurtes sollte dabei möglichst am Taschenboden und die Vasenlasche seitlich liegen.
Für die Klappe die beiden Taschenklappen links auf links legen, die stabile Tascheneinlage dazwischenlegen und die Teile ringsum schmalkantig zusammensteppen. Die Taschenklappe 1,5 cm von der rückwärtigen Oberkante entfernt auf die Taschenrückseite aufsteppen. Den oberen Teil des Mappenverschlusses mittig an der Klappe, den unteren Teil am Taschenkörper anbringen.

KERNIG

Tasche im Baumscheiben-Look Vorlage 1 (Modell B)

Material

- A: 50 x 150 cm Baumwollstoff mit Motiv „Baumscheibe“
- B: 20 x 150 cm Baumwollstoff mit Motiv „Rinde“
- 50 x 90 cm stabile, aufbügelbare Fixiereinlage
- 3 runde Birkenscheiben, ca. ø 4–5 cm
- 200 cm Lederriemen in Braun
- 100–110 cm 2 Gürtel in Braun, 1 cm breit
- 18–20 cm Reißverschluss in Braun
- Lochzange
- Kraft-Alleskleber

Zuschneiden

Maße inkl. 1 cm Nahtzugabe, beim Zuschnitt nach Vorlage ringsum 1 cm Nahtzugabe hinzugeben.

A: 2-mal Vorlage 1
   2 Schlaufen 7 x 10 cm
B: 2 Reißverschluss-Streifen
   5 x 20 cm
   2 Seitenteile 10 x 25 cm

So geht's

Alle Zuschnitte auf den linken Seiten mit der Fixiereinlage bebügeln und nach Anleitung für Modell B nähen (siehe Grundkurs auf Seite 2–3).
Beide Gürtel zu einem langen Gürtel zusammenschnallen. Das Ende mit Schnalle mit einem ca. 15 cm langen Stück Lederriemen an eine der Schlaufen knoten. Das andere Ende des Gürtels lochen und mit einem zweiten Stück Lederriemen zur Schlaufe knoten.
Gürtelschlaufe mit einem weiteren Stück Lederriemen an die Taschenschlaufe binden. Die Birkenscheiben lochen, an drei weitere, 10-15 cm lange Stücke Lederriemen knoten und die Enden jeweils an eine Taschenschlaufe knoten. Alle Lederknoten mit Kleber sichern.

KNOPF AN KNOPF

Tasche mit bunten Knöpfen Vorlage 1 (Modell B)

Material

- A: 50 x 60 cm Stramin, 38 Loch/10 cm
- 18 cm Reißverschluss in beliebiger Farbe
- 1 Zipper
- ca. 120 Knöpfe, ⌀ 1–4 cm
- 130 cm Gurtband in Weiß, 2,5 cm breit
- 2 Schlüsselringe, ⌀ 2,5 cm
- Kraft-Alleskleber
- spitze Nähnadel

Zuschneiden

Maße inkl. 1 cm Nahtzugabe, beim Zuschnitt nach Vorlage ringsum 1 cm Nahtzugabe hinzugeben.

A: 2-mal Vorlage 1
2 Reißverschluss-Streifen 5 x 20 cm
2 Seitenteile 10 x 25 cm
2 Schlaufen 7 x 10 cm

So geht's

Die Tasche nach Anleitung für Modell B nähen (siehe Grundkurs auf Seite 2–3). Die Knöpfe mit je einem winzigen Tropfen Kraftkleber auf dem Taschenvorderteil bzw. dem Gurtband (ab 10 cm von den Enden entfernt) fixieren und nach dem Trocknen annähen. Die Schlüsselringe durch die Schlaufen ziehen, die Trägerenden 2–5 cm weit durch die Ringe ziehen, umklappen und festnähen.

AKZENTE IN NEON

Tasche mit Pompons

Material

- A: 21 x 52 Walkstoff in Anthrazit
- B: 21 x 52 Baumwollstoff in Schwarz
- C: 21 x 52 stabile, aufbügelbare Fixiereinlage in Schwarz
- 30 cm Reißverschluss in Neongelb
- jew. 50 g Wolle (100 % Polyacryl) in Neongrün und in Neongelb
- 130 cm Baumwoll-Gurtband in Schwarz, 4 cm breit
- Pomponmaker, ø 5 cm

Zuschneiden

Maße inkl. 1 cm Nahtzugabe.

A: 2 Taschenkörper (außen) 21 x 26 cm
B: 2 Taschenkörper (innen) 21 x 26 cm
C: 2-mal 21 x 26 cm
(Taschenkörper innen)

So geht's

Die Fixiereinlage auf die linke Seite der Futterzuschnitte aufbügeln. Ein äußeres Taschenteil rechts auf rechts auf einen Futterzuschnitt legen. Den Reißverschluss an der Oberkante dazwischenlegen, er liegt dabei rechts auf rechts auf dem Vorderteil. Alle drei Teile mit Stecknadeln fixieren und zusammennähen. Außenstoff und Futter zurückschlagen und die beiden anderen Stoffteile an die andere Reißverschlussseite genauso annähen. Den Reißverschluss bis zur Mitte öffnen. Nun liegen Außenstoff und Futterstoff jeweils rechts auf rechts aufeinander. Die Seiten- und Bodenkanten zusammennähen, im Futter jedoch eine Wendeöffnung frei lassen. Die Bodenecken, wie im Grundkurs auf Seite 4 beschrieben, nähen, dafür mit 2,5 cm Abstand zur Spitze die Ecke quer zur Seiten-/Bodennaht absteppen.

Die Tasche auf rechts wenden, die Innen- in die Außentasche stülpen. Das Gurtband von außen mittig über die Seitennähte entlang beider Längskanten aufsteppen. Aus der Wolle 8 Pompons in Neongelb und 7 Pompons in Neongrün mit ø 5 cm anfertigen und auf das Taschenvorderteil wie abgebildet festnähen.

FRUCHTIG UND BLUMIG

Tasche im fröhlichen Mustermix Vorlagen 1–2 (Modell A)

Material

- A: 30 x 160 cm Baumwollstoff mit Retro-Blumenmotiv in Pink-Orange
- B: 30 x 160 cm Baumwollstoff mit Apfelmotiv in Pink-Orange
- 18 cm Reißverschluss in Pink
- 1 Babuschka-Zipper in Pink
- 50 x 90 cm stabile, aufbügelbare Fixiereinlage in Weiß
- 2 Schlüsselringe mit Kettchen, ø 2,5 cm
- je 2 Stoffblüten in Gelb, ø 3,5 cm und 5,5 cm (insg. 4)
- 130 cm Gurtband in Pink, 2,5 cm breit
- Pluster-Pen in Pink
- Lochzange
- Textilkleber

Zuschneiden

Maße inkl. 1 cm Nahtzugabe, beim Zuschnitt nach Vorlage ringsum 1 cm Nahtzugabe hinzugeben.

A: 1-mal Vorlage 2b
1 Seitenteil 10 x 65 cm
B: 1-mal Vorlage 1
1-mal Vorlage 2a

So geht's

Alle Zuschnitte auf den linken Seiten mit der Fixiereinlage bebügeln. Aus Stoff B 7 Äpfel ausschneiden und auf das untere Vorderteil kleben. Die Äpfel mit Pluster-Pen umranden und trocknen lassen.
Die Tasche nach Anleitung für Modell A (jedoch ohne Schlaufen) fertig nähen (siehe Grundkurs auf Seite 2–3). Die Schlaufen aus zwei 7 cm langen Gurtbandstücken arbeiten (also nicht aus Stoff zuschneiden) und aufnähen. Die Schlüsselringe durch die Gurtschlaufen einziehen und beide Kettchen an einem der Ringe anbringen. Die Stoffblüten in der Mitte lochen und an die Kettchen hängen. Den Zipper anbringen. Das Träger-Gurtband durch die Schlüsselringe ziehen und feststeppen.

HIP UND HOP

Nieten-Tasche in Schlangenleder-Optik

Material

- A: 36 x 98 feines Kunstleder in dunkelbrauner Schlangenleder-optik
- B: 36 x 54 stabile, aufbügelbare Fixiereinlage in Schwarz
- 118 cm Gliederkette in Gold (Baumarkt)
- 8 quadratische Nieten in Silber, 10 x 10 mm
- 7 quadratische Nieten in Antikgold, 10 x 10 mm
- 1 Magnetverschluss in Altmessing
- 2 D-Ringe für Taschengriffe in Altmessing, 3 cm breit

Zuschneiden

Maße inkl. 1 cm Nahtzugabe.

A: 2 Taschenrückseiten 36 x 24 cm
2 Taschenvorderseiten 17 x 24 cm
4 Seitenteile 18 x 6 cm
2 Bodenteile 25 x 6 cm
2 seitliche Trägerlaschen 7 x 2 cm

B: 36 x 24 cm (Taschenrückseite außen)
17 x 24 cm (Taschenvorderseite außen)
2-mal 18 x 6 cm (Seitenteile außen)
25 x 6 cm (Bodenteil außen)

So geht's

Die Fixiereinlage auf die linken Stoffseiten der entsprechenden Stoffzuschnitte (= Außenseite) bügeln. Das Bodenteil knappkantig zwischen das Taschenvorder- und -rückteil nähen, anschließend an die Seitenteile nähen (siehe Grundkurs auf Seite 4). Die Teile hierfür links auf links legen, sodass die Nähte nach außen zeigen. Die Innentasche genauso nähen, jedoch hier die Teile rechts auf rechts legen.
Den Magnetverschluss positionieren, dafür eine Hälfte auf der inneren Taschenklappe, die andere Hälfte an der vorderen Außentasche anbringen. Die Nieten auf der äußeren Taschenklappe, wie auf dem Foto zu sehen, laut Herstellerangaben befestigen.
Die Außen- und Innentasche links auf links ineinanderstecken, dabei die Oberkante und Seitennähte bündig aneinander ausrichten und knappkantig entlang der Oberkante zusammennähen.
Für die Trägerlaschen die Streifen links auf links zur Hälfte legen, den D-Ring einlegen und außen an den Oberkanten der Seitenteile feststeppen. Auf beiden Seiten der Gliederkette jeweils das letzte Kettenglied leicht aufbiegen, in den D-Ring einhängen und wieder schließen.

MATERIAL & WERKZEUG

Bügeleisen

Ein (Dampf-)Bügeleisen sollte am Arbeitsplatz bereit stehen. Nach dem Wenden (Verstürzen) die Nahtzugaben und Nähte von Baumwollstoffen stets bügeln, jedoch nicht beschichtete Baumwollstoffe, Wachstuch, Kunstleder oder Filz.

Garne

Bei der Auswahl der Garne stets auf gute Qualität achten, um zu vermeiden, dass der Faden reißt, verheddert oder sich Knoten bilden. Am besten eignen sich so genannte „Allesnäher“, das sind Garne aus 100 % Polyester, mit denen man auch Baumwollstoffe näht. Baumwollgarne sind weniger elastisch und reißen eher als Polyestergarne. Nähe stets mit zum Stoff farblich passendem Nähgarn, vor allem bei Absteppnähten, die sichtbar sind. Heft- oder Reihgarn sind locker verzwirnte Baumwollgarne, die man nur zum Heften von Hand verwendet. Sie sind nicht für das Nähen mit der Maschine geeignet und werden nach dem Heften wieder entfernt.

Markierstifte

Zum Übertragen von Motiven auf den Stoff oder um Konturen, Näh- oder Stepplinien vorzuzeichnen, einen Trickmarker verwenden. Die Linien verschwinden nach einiger Zeit von selbst oder sind dampf-/wasserlöslich. Bei selbstlöschenden Stiften stets nur so viele Konturen aufzeichnen, wie auch im Anschluss genäht werden. Achtung: Diese Linien nicht bügeln, da sie ansonsten nicht mehr zu entfernen sind. Wird die Kontur mit einem Kreiderädchen markiert, sind diese Linien nach dem Nähen/Steppen bereits fast vollständig verschwunden. Mit Kreide nicht zu viele Linien vorzeichnen, da sie nicht dauerhaft haftet und die Linien dadurch nicht mehr gut sichtbar sind.

Nähmaschinennadeln

Die zu verwendende Art und Stärke hängt von der Stoff- und Garnstärke ab. Generell gilt: Je höher die Nadelnummer, desto dicker die Nadel. Für feine Baumwollqualitäten eignen sich am besten Universal- oder Quiltnadeln.

Nahttrenner

Müssen Nähte aufgetrennt werden, keine Schere, sondern einen Nahttrenner (auch Pfeiltrenner genannt) verwenden. Die Spitze besteht aus einer kleinen Gabel mit einer innenliegenden Klinge. Mit dieser die Naht alle 2–3 Stiche zerschneiden. So kann der Stoff beim Auftrennen nicht verletzt werden. Den Stoff auseinanderziehen und die Fäden entfernen.

Stecknadeln, Nähnadeln

Zum Fixieren der Stofflagen sind Stecknadeln unverzichtbar. Zum Heften und für Handstiche (z. B. um eine Wendeöffnung zu verschließen) dünne, spitze Nähnadeln verwenden.

Stoffschere, Rollschneider

Zum Zuschneiden von Stoffen eignet sich eine Stoffschere, die ausschließlich für Stoff verwendet wird (bei Papier würde sie stumpf werden). Für den Zuschnitt von exakten Streifen oder Rechtecken am besten ein Patchworklineal und Rollschneider mit einer dazugehörigen Schneidematte verwenden.

Wenden/Verstürzen

Ecken und Rundungen nach dem Wenden nicht mit einer spitzen Schere, sondern mit einem stumpfen Gegenstand, z. B. einem runden, dünnen Hölzchen ausformen, damit die Naht nicht verletzt wird.

Material

Die folgenden Grundmaterialien werden als vorhanden vorausgesetzt und sind in den Anleitungen nicht gesondert aufgeführt:

- Bügeleisen
- Maßband
- Nähgarn
- Nähmaschine
- Nähnadeln
- Nahttrenner
- Patchworklineal
- Rollschneider
- Schere
- Schneidematte
- Schneiderkreide
- Schnittmusterpapier
- Stecknadeln
- Stift, ggf. Trickmarker
- Stoffschere

GRUNDBEGRIFFE DES NÄHENS

Fadenlauf

Jedes Gewebe besteht aus Kettfäden (längs) und Schussfäden (quer). Der Fadenlauf entspricht der Richtung der Kettfäden und verläuft parallel zur Gewebekante. Der Zuschnitt sollte immer am Fadenlauf ausgerichtet sein, damit sich das genähte Teil nicht verzieht.

Fadenspannung

Die Fadenspannung der Nähmaschine muss je nach Stoffart reguliert werden. Andernfalls können Schlaufen in Unter- oder Oberfaden entstehen. Deshalb am besten immer erst ein Probestück nähen.

Heften und Stecken

Stoffteile vor dem Nähen mit Nadeln fixieren oder von Hand heften. Dies verhindert, dass die Stoffteile beim Nähen verrutschen oder ungewollte Falten werfen. Stecknadeln immer quer zur Nährichtung stecken, dann kann man sie während des Nähens leichter herausziehen.

Geradstich

Der Geradstich ist der grundlegende Nutzstich beim Nähmaschinennähen. Das Nähen mit dem Geradstich heißt auch „Steppen". Die Stichlänge ist variabel einstellbar. Je länger der Stich, desto lockerer fällt die Naht aus.

Nahtzugabe

Beim Zusammennähen (= Nählinie) wird ein Abstand zur Schnittkante eingehalten. Dieser Abstand ist die Nahtzugabe. Die Breite der Nahtzugabe wird bei den Anleitungen unter „Zuschneiden" entsprechend aufgeführt.

Rechte und linke Stoffseite

Jeder Stoff hat eine rechte und eine linke Stoffseite. Die rechte Seite entspricht der Schauseite, also der Außenseite des Stoffes. Bei Druckstoffen ist diese einfach zu erkennen, da hier das Muster deutlich ist. Wenn es also heißt „die Stoffteile rechts auf rechts legen", zeigen die rechten Schauseiten nach innen und die linken Seiten nach außen. Heißt es hingegen „links auf links", zeigen die rechten Seiten nach außen und die linken Seiten nach innen.

Stoffbruch

Bei einer gefalteten Stofflage entsteht eine Faltkante, die als Stoffbruch oder Bruchkante bezeichnet wird. An einem Schnittteil bezeichnet der Stoffbruch in der Regel die Mitte eines Schnittteils. Der Stoffbruch ist bei den Vorlagen dieses Buches als Punkt-Strich-Linie dargestellt. Diese Kante des Schnittteils wird dann beim Zuschneiden ohne Nahtzugabe genau auf die gefaltete Stoffkante gelegt.

Zickzackstich

Der Zickzackstich wird zum Versäubern der Schnittkanten verwendet. Stichbreite und Stichlänge lassen sich verändern.

GRUNDTECHNIKEN DES NÄHENS

Nahtzugabe versäubern

Damit die Stoffkanten nicht ausfransen, sollten die Nahtzugaben versäubert werden. Hierzu eignet sich bei normalen Haushaltsnähmaschinen der Zickzackstich. Falls beide Nahtzugaben einer Naht getrennt versäubert werden, die Nahtzugaben vor dem Zusammennähen versäubern. Falls die Nahtzugaben zusammen versäubert werden, zuerst die Naht schließen, dann die Nahtzugaben zusammen mit Zickzack versäubern.

Verstürzte Naht: gerade Kanten

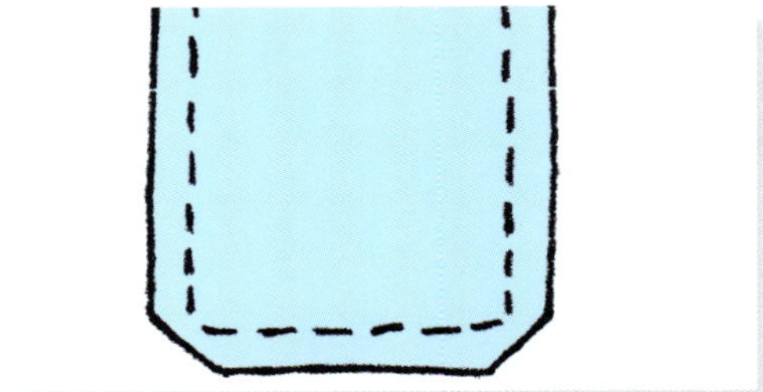

Die Teile rechts auf rechts bis auf eine Wendeöffnung zusammennähen. Die Nahtzugaben an den Ecken schräg bis kurz vor die Naht beschneiden, dann liegen sie nach dem Wenden besser und sehen exakter aus.

Nähte sichern/verriegeln

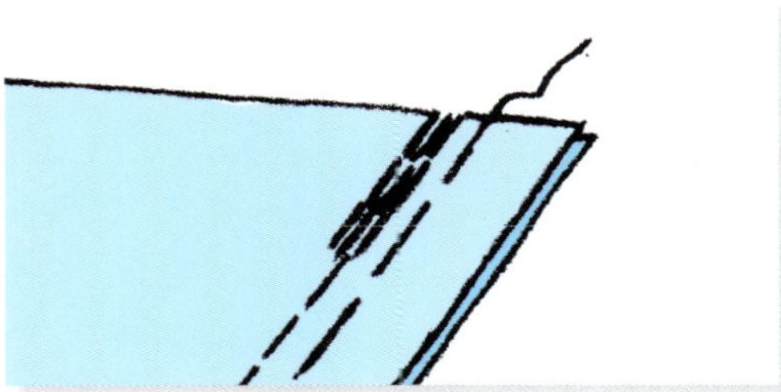

Eine Nähmaschinennaht wird in der Regel am Anfang und Ende „verriegelt“, damit sie sich nicht auflöst. Am Nahtbeginn 3–4 Stiche vorwärts, dann rückwärts und anschließend wieder vorwärts nähen. Am Nahtende gegengleich verfahren.

Verstürzte Naht: Rundungen

Die Teile rechts auf rechts bis auf eine Wendeöffnung zusammennähen. Aus den Nahtzugaben an den Rundungen gleichmäßig verteilt kleine Dreiecke herausschneiden, damit sich die Mehrweite nach dem Wenden übereinanderschieben kann.

Einfass-Streifen zusammensetzen

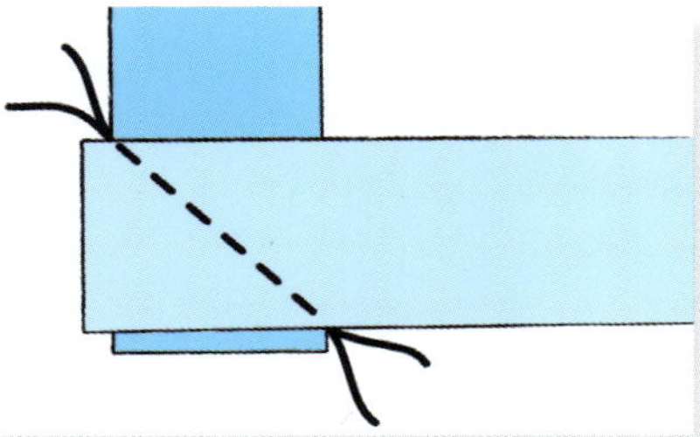

Gerade oder im schrägen Fadenlauf zugeschnittene Streifen im 90°-Winkel rechts auf rechts aufeinanderlegen und im 45°-Winkel zusammennähen. Überstehenden Stoff bis auf Nahtzugabenbreite zurückschneiden, Nahtzugaben auseinanderbügeln. Durch die diagonale Naht liegt die Nahtzugabe nicht übereinander, dadurch wird die Einfassung flacher.

Gerade Kanten einfassen

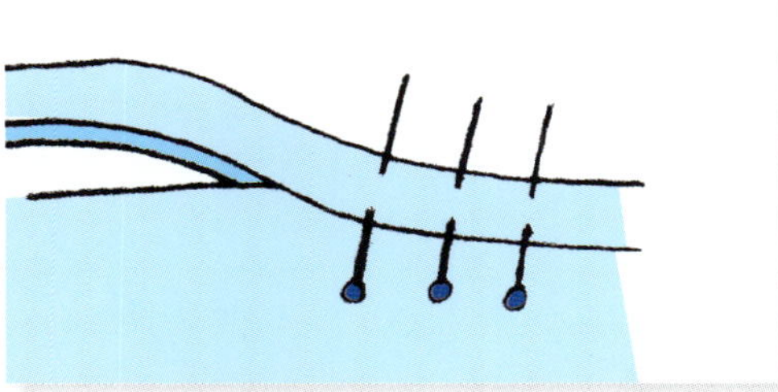

Schrägband selber herstellen oder fertig vorgefalzt kaufen. In der Längsmitte zusammenklappen, bügeln. Über die Stoffkante schieben, bis die Stoffkante an den Mittelfalz stößt, mit Stecknadeln fixieren, dabei darauf achten, dass das Schrägband auf beiden Seiten des Stoffteils gleich breit liegt. Das Schrägband von der rechten Seite des Stoffes feststeppen.

Einfass-Sreifen herstellen

Den Streifen in Längsrichtung links auf links zur Hälfte falten, den Bruch einbügeln und wieder aufklappen. Beide Längsseiten zum Bruch legen, bügeln und zusammenklappen, sodass die äußeren Bruchkanten übereinanderliegen.

Ecken und Rundungen einfassen

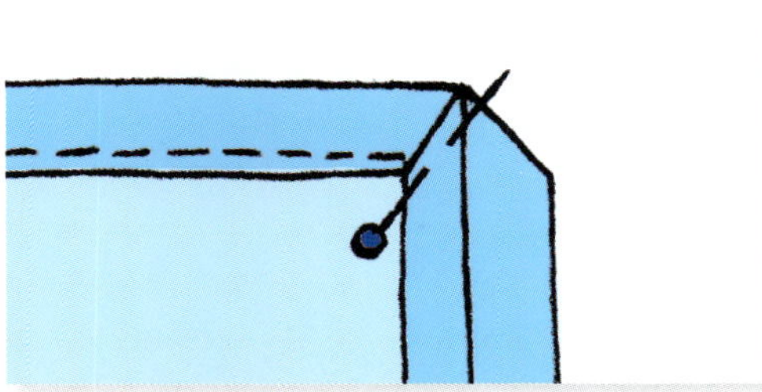

Zunächst die gerade Kante einfassen und bis zur Ecke steppen. Das Schrägband aufklappen, diagonal falten und feststecken. Die folgende gerade Kante wie zuvor feststecken und steppen. Bei Rundungen das Schrägband an der Außenkante dehnen und an der Innenkante einhalten.

VORLAGEN

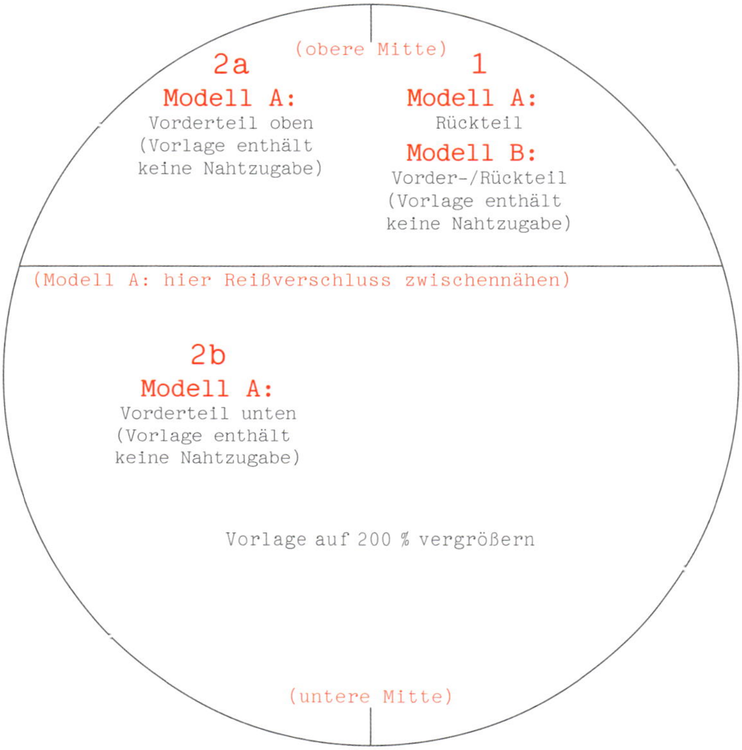

3

Modell „Bowling-Bag“

(Vorlage enthält keine Nahtzugabe)

Vorlage auf 200 % vergrößern

4

Modell „Retro-Look“

Oberes Schnittteil

Vorderteil

(Vorlage enthält keine Nahtzugabe)

Achtung: Zuerst mit dem unteren Schnittteil zusammensetzen, dann zuschneiden.

Vorlage auf 200 % vergrößern

An dieser Linie mit unterem Schnittteil zusammensetzen

An dieser Linie mit oberem Schnittteil zusammensetzen

4

Modell „Retro-Look“

Unteres Schnittteil

Vorderteil

(Vorlage enthält keine Nahtzugabe)

Achtung: Zuerst mit dem oberen Schnittteil zusammensetzen, dann zuschneiden.

Vorlage auf 200 % vergrößern

Impressum

Entwürfe und Realisation:
Annette Diepolder,
Sybille Rogaczewski-Nogai
Redaktion: Franziska Schlesinger
Lektorat und Vorlagenzeichnungen:
Claudia Schmidt
Fotografie: Florian Bilger Fotodesign
Styling: Peggy Kummerow
Gesamtgestaltung und Satz:
GrafikwerkFreiburg
Reproduktion: Meyle + Müller GmbH & Co. KG, Pforzheim
Druck und Verarbeitung:
Ömür Printing, Istanbul

ISBN 978-3-8410-6283-3
Art.-Nr. OZ6283

Autorinnen und Verlag haben die größtmögliche Sorgfalt walten lassen, um sicherzustellen, dass alle Angaben und Anleitungen korrekt sind, können jedoch im Falle unrichtiger Angaben keinerlei Haftung für eventuelle Folgen, direkte oder indirekte, übernehmen. Die gezeigten Materialien sind zeitlich unverbindlich. Der Verlag übernimmt für Verfügbarkeit und Lieferbarkeit keine Gewähr und Haftung. Farbe und Helligkeit der in diesem Buch gezeigten Garne, Materialien und Modelle können von den jeweiligen Originalen abweichen. Die bildliche Darstellung ist unverbindlich. Der Verlag übernimmt keine Gewähr und keine Haftung.

Wir danken den folgenden Herstellern für die freundliche Unterstützung:
- buttinette Textil-Versandhaus GmbH
  www.buttinette.de
- Bergs Stoffe
  über www.dawanda.de,
  Stichwort stoffefrank
- Stoffekontor
  www.stoffekontor.de
- Prym Consumer
  www.prym-consumer.com
- Stoffe Brünink & Hemmers
  www.stoffe-hemmers.de